ZEN NIHON KENDŌ RENMEI IAI
KOMMENTAR

ZEN NIHON KENDŌ RENMEI IAI
Kommentar

Dritte verbesserte Fassung
Im Jahre 2000

Übersetzung aus dem Japanischen

von Masako Shitara, Sylvia Ordynsky
und Richard Bonert (11. und 12. Form)

Überarbeitung 2012 von Ralf Bonnekoh

Überarbeitung 2014/2015 von Sylvia Ordynsky, Rudi Müller, Angela von der Geest, Henry Schubert, Peter Röder, Franz Jahns, Lothar Beck und Wim van Mourik

5. verbesserte Auflage 2015

Bibliografische Information der Deutschen Nationalbibliothek: Die Deutsche Nationalbibliothek verzeichnet diese Publikation in der Deutschen Nationalbibliografie; detaillierte bibliografische Daten sind im Internet über www.dnb.de abrufbar.

© 2015 Deutscher Iaido Bund e.V.

Herstellung und Verlag:
BoD – Books on Demand, Norderstedt

ISBN: 978-3-7386-2212-6

Inhalt

Vorwort..11
Die Prinzipien der Überarbeitung des Kommentarbuchs des Zen Nihon
Kendō Renmei Iai...13
Wesentliche Änderungspunkte (des Kommentars in 1988).....................14
ZNKR-Iai Erläuterung..16

Sahō (Verhaltensart)..17

Waza (Techniken)..26
Seiza no bu (Sitzender Teil)..26
Iaihiza no bu (Iai-Knie-Teil)...33
Tachi Iai no bu (Iai aus dem Stand)...36

Ergänzungen..55

Die Beurteilung des Zen Nihon Kendō Renmei Iai
Die Prüfungskriterien..60

Abbildungen
Die Bezeichnung aller Teile des japanischen Schwertes und der Montierung..66
Vorführplatz innerhalb eines schintoistischen Schreins, Art und Weise der Fußbewegungen sowie Drehungen beim Verlassen. (Illustration)............68

DIaiB-Anhang...69
Kurzbeschreibung der kamae (Haltungen, Posituren)............................69
Fachwortregister...70

Zur Überarbeitung von 2014 und 2015:

Bei dieser Überarbeitung wurde wie auch schon bei der Überarbeitung 2012 von Ralf Bonnekoh auf eine noch bessere Lesbarkeit, ohne Verfälschung des Inhaltes, Wert gelegt.

Zu folgenden grundlegenden Punkten hat das Gremium der Überarbeitung 2014 Überlegungen angestellt und sich auf deren Übernahme geeinigt:

1. *Grundsätzlich sollte der Iaidōka dazu angehalten werden, japanische Begriffe korrekt auszusprechen. Dazu sollen die Fachwörter in einer leicht verständlichen Umschrift geschrieben werden. Leider trifft man bei verschiedenen Veröffentlichungen auf unterschiedliche Schreibweisen. So werden zum Beispiel die gedehnt gesprochenen Vokale "a" "u" und "o" in vier Varianten wiedergegeben und zwar am Beispiel "o" als "ou", "oh", "oo" und "ō". Die erste Variante stellt zwar die direkte Übersetzung der japanischen Silbenschrift dar, es besteht aber die Gefahr, dass das "u" mit gesprochen wird, zum Beispiel Iaido-uka oder falsch interpretiert wird, wie bei „monou-chi" statt korrekt „mono(-)uchi". Die letzte Variante mit dem Längungsstrich über dem betreffenden Vokal (z.B.: Iaidō) ist die am häufigsten benutzte Variante in japanischen Lehrbüchern. Deshalb wird dieser Schreibweise der Vorzug gegeben.*

2. *Die Groß- und Kleinschreibung wurde in der Weise umgesetzt, dass alle japanischen Fachausdrücke klein geschrieben werden bis auf Worte am Satzanfang und Eigennamen (Ausnahme: Iaidō, Kendō, ZNKR u.ä.).*

3. *Bei Mehrzahl verändert sich das japanische Wort nicht, so wird z.B. „Hand" und „Hände" stets mit „te" übersetzt). Deshalb wird es auch weiterhin keine 12 ZNKR-kata̱s geben.*

4. *Das „Genitiv-s" wie im Deutschen oder auch im englischen gebräuchlich wird im japanischen nicht verwendet. Deshalb wird es auch weiterhin kein Üben des Iaidōs geben.*

5. *Im japanischen gibt es keine Artikel. Nicht immer kann in einer deutschen Übersetzung darauf verzichtet werden. Eine Möglichkeit wäre stets den Artikel "das" zu verwenden, zum Beispiel das kata, das seiza, das senpai, das shinsa oder das hakama. Eine andere Möglichkeit ist, den Artikel zu verwenden, der der deutschen Übersetzung entspricht, zum Beispiel die kata (die Übungsform), der seiza (der Kniesitz), die shinsa (die Prüfung) oder der hakama (der Hosenrock). Einige wenige Ausnahmen, wie zum Beispiel das dōjō, statt der dōjō (der Übungsort/-raum) oder der gi statt die gi (die Übungsjacke) soll diese Regel bestätigen.*

6. *Des Weiteren soll beachtet werden das Begriffe, die aus einem japanischen und einem deutschen Wort bestehenden nicht zusammengeschrieben werden, sondern mit Bindestrich, wie zum Beispiel hakama-Saum statt hakamasaum.*

7. *Pleonasmen (zum Beispiel "Fußpedal") sollen vermieden werden, wie zum Beispiel „keito shisei-Haltung" oder „seiza-no-shisei-Haltung" („shisei" bedeutet „Haltung").*

8. *Laut Sylvia Ordynsky ist das deutsche ZNKR-Heft nach wie vor (auch in der 3. Auflage von 2005) eine so weit wie möglich originalgetreue Übersetzung des japanischen Originals. Zur besseren Lesbarkeit sollen alle Anmerkungen des Übersetzers durch Kursivschreibweise (so wie z.B. dieser Text) kenntlich gemacht werden. Im Gegenzug entfallen die Kursivschreibung von japanischen Fachbegriffen.*

9. *Von der wörtlichen Übersetzung soll dann abgewichen werden, wenn diese zu unpassenden oder falschen Aussagen führt; so wird zum Beispiel bei „sōgo" Punkt 6 und 7c von "Hand" gesprochen, wobei "Arm" gemeint ist.*

10. *Es soll durchgehend einheitlich verfahren werden, indem zuerst der japanische Fachbegriff zu benennen ist und bei erstmaliger Nennung anschließend in Klammern die deutsche Bedeutung. Im Fachwortregister auf Seite 70 wurden alle japanischen Fachtermini, die in diesem Kommentar auftreten, alphabetisch zusammengestellt.*

Das Komitee empfiehlt diese 10 Regeln bei allen Veröffentlichungen des DIaiB anzuwenden.

Vorwort

Die Festlegung des Iai des Zen Nihon Kendō Renmei (Gesamt-Japanischen Kendō-Verbandes) erfolgte, weil Kendō und Iai in einem außerordentlich engen Zusammenhang stehen.

Die kendōka (Kendō-Übenden) können Anregungen aus den verschiedenen Aspekten des Iai erhalten: nukitsuke (Ziehen) und nōtō (Zurückführen) des katana, Schwertführung, kihaku (mentale Kraft/Energie), die spezielle Art der Handhaltung und so weiter. Leute, die weder Iai noch Kendō praktizieren, stellen öfters die Frage an einen kendōka, ob er auch Iai ausübe. Wenn die Frage verneint wird, zeigt sich von Seiten des Fragenden eine gewisse Verwunderung und der befragte kendōka müsste auch in Verlegenheit kommen. An diesem Beispiel zeigt sich die allgemeine Vorstellung, dass Kendō und Iai einer gleichen Disziplin angehören und dass ein kendōka natürlich auch Iai-Kenntnisse hat.

Wenn kendōka aber in der Tat mit dem echten katana (Schwert) Iai üben würden, könnte der Vorwurf, den man heutzutage hin und wieder hört, dass das heutige Kendō sei einfach nur shinai-Kendō (Bambusschwert-Kendō) sei, ziemlich abgeschwächt werden.

Aber beim Praktizieren des Iai ergeben sich einige Probleme: es gibt verschiedene Stilrichtungen und jede einzelne Schule hat eine bestimmte Anzahl unterschiedlicher Techniken. Dieser Vielfalt kann man kaum gerecht werden in Anbetracht der begrenzten Zeit eines Menschen.

Von daher ist es selbst für diejenigen, die den Iaidō-Weg einschlagen, schwierig, sich in einzelnen Techniken zu vervollkommnen.

In Anbetracht dieser Tatsachen ist es sowohl für den kendōka als auch für die Verbreitung des Iai wünschenswert, das Grundsätzliche vom Iai und auch Grundtechniken einzelner Schulen zu extrahieren und zusammenzufassen. Diese Grundlage soll einen kendōka in die Lage versetzen, dass er sowohl Grundkenntnisse des Iai besitzt, als auch das Schwert wirklich ziehen beziehungsweise führen kann.

Von diesem Standpunkt aus hat es in der Zen Nihon Kendō Renmei schon früher ansatzweise einen Versuch gegeben, diese Grundlage zu erstellen.

Diesmal konnte das Vorhaben in Bezug auf die Realisierung glücklicherweise beschleunigt werden.

Ein Entwurf dieser Grundlage, der uns angemessen erscheint, wurde erstellt und zu unserer gemeinsamen Freude 1968 bei der Kyōto-taikai[1] bekannt gegeben. Ich persönlich wünsche mir, dass diejenigen, die Kendō ausüben, mindestens über diese Grundlagen verfügen.

Die Lehrer, die die in die Grundlagen des Iaidō des Zen Ken Ren *(Abkürzung des Zen Nihon Kendō Renmei)* aufzunehmenden kata *(festgelegte Bewegungs-Formen)* überprüften und festlegten, sind der Ansicht, dass die prinzipiellen Techniken darin zu achtzig bis neunzig Prozent erfasst sind. Somit ist diese Grundlage für den Anfang völlig ausreichend, allerdings erschöpft sich der Weg des Iai nicht darin.

Iaidō besitzt vielfältige Techniken und Anwendungen und beinhaltet einen tiefsinnigen, geistigen Aspekt. Aus diesem Grunde halte ich es für notwendig, dass derjenige, der sich bemüht, den Weg des Iai zu beschreiten, sich über diese Grundlage hinaus weiterentwickelt und sich auch die traditionellen Stilrichtungen aneignet.

Gesamtjapanischer Kendō-Verband
Der Präsident, Kazuo Otani
Mai 1969

---

[1] *Kyōto-taikai; (Wettkampf-)Turnier in Kyōto*

Die Prinzipien der Überarbeitung des Kommentarbuchs des Zen Nihon Kendō Renmei Iai

Die bisher gültige Fassung des Iai-Buches des Zen Nihon Kendō Renmei wurde 1969 aufgrund der Bemühungen der früheren Meister erstellt. Die Fassung wurde 1976 teilweise überarbeitet und 1980 wurden drei kata hinzugefügt.

Diese Grundlage ist in die Praxis in ganz Japan aufgenommen worden und findet heutzutage auch weltweit Anwendung. Daher wünscht man auch die Übersetzung in fremde Sprachen. Es wurde allerdings darauf hingewiesen, dass das vorherige Buch verschiedene Mängel hatte, wie zum Beispiel eindeutige Druckfehler, Unstimmigkeiten in der Beschreibung und Anwendung bestimmter Begriffe sowie sprachliche Kompliziertheit. Insgesamt hat dies ein Hindernis sowohl für die Praxis als auch für die Übersetzung des Buchs dargestellt.

Daher hatte die Iai-Kommission des Zen Nihon Kendō Renmei aufgrund ihrer Überprüfung Anweisungen erteilt und Lehrgänge dazu durchgeführt und sich somit um die Ergänzung dieser Grundlage bemüht. Bei der diesmaligen Überarbeitung des Buches wurden folgende Aspekte besonders beachtet: die Grundidee des bisherigen Buches soweit wie möglich zu respektieren, eine vereinfachte Gliederung und ein verständlicher Schreibstil.

Außerdem wurden die schiedsrichterlichen Prüfungskriterien und die bisher praktizierten Methoden überprüft und neu geordnet, um eine vereinheitlichte Auffassung im Zen Nihon Kendō Renmei zu gewährleisten. Ich wünsche, dass dieses neue Buch zu der richtigen Verbreitung, Entwicklung und Ausübung des Iaidō beiträgt.

Gesamtjapanischer Kendō-Verband
Vorstandsmitglied Yoshimitsu Takeyasu

17.09.1988

Wesentliche Änderungspunkte *(des Kommentars in 1988)*

1. Die Beschreibung erfolgt gemäß den modernen Schreibweisen. Unter Berücksichtigung auf die Selbsterarbeitung und die Übersetzung in fremde Sprachen werden die Beschreibungen konkreter formuliert und der Sprachstil wird insgesamt vereinfacht.

2. Fachbegriffe werden so belassen und die chinesischen Zeichen, die nicht zum Standard-Wortschatz gehören, werden mit phonetischen Silben versehen. Die gleiche Bewegung wird immer mit einem gleichen Begriff ausgedrückt.

3. Die Begriffe werden so verändert, dass sie mit den Kendō-Begriffen annähernd übereinstimmen.

4. Das Buch besteht aus drei Teilen. Entsprechend der Bewegungsreihenfolge der Vorführung werden als erster Teil „sahō" (Verhaltensart) und als zweiter Teil „waza" (Techniken) erläutert. Weitere spezielle Anmerkungen zu den Regelungen und Techniken werden im dritten Teil „Ergänzungen" zusammengefasst.

5. Im Teil „sahō" sind die einzelnen Vereinbarungen der Iaidō-Kommission (vom September 1976) aufgenommen und die bis dahin vorhandenen Vereinbarungen im Teil „Ergänzungen" erläutert.

6. Das Tragen des sageo (Schwertbandes) wird jetzt festgelegt.

7. Der Begriff igi (Sinn) im Teil „waza" (Techniken) wird durch den Begriff yogi (Wesen der Ausführung) ersetzt und die Erklärungen diesbezüglich werden kurz und deutlich geschrieben.

8. Bei den Richtungsbeschreibungen wird enbūji no shōmen (festgelegte Vorderseite bei einer Vorführung) einheitlich als Ausgangsposition festgelegt.

9. In den Beschreibungen der einzelnen Techniken werden die Formulierungen überprüft und vereinheitlicht. An einigen Stellen werden Ergänzungen und Korrekturen hinzugefügt.

ZNKR-Iai Erläuterung

Hauptabsicht des Hinzufügens der Formen 11 und 12.

Die Formen des ZNKR-Iai wurden so wie wir sie heute kennen bereits in showa 44 (1969) festgelegt. Seitdem sind 30 Jahre vergangen. Das Iaidō hat sich entwickelt und erfolgreich verbreitet.

So haben wir uns entschieden, mit dem Wechsel des Jahrhunderts den Inhalt um zwei leicht auszuführende Formen zu erweitern, damit noch mehr Menschen Iaidō kennen und schätzen lernen.

Zum Zwecke der künftigen Weiterentwicklung des Iai, ist neben der Absicht, Geist, Energie und Kraft, in Einklang zu bringen, auch die unablässige Übung der korrekten Atmung, die Übung des te no uchi (korrekte Benutzung der Hände am tsuka) und ganz besonders die Meisterschaft in der spezifischen Handhabung des Schwertes notwendig.

Weiterhin ist zu hoffen, dass die Entwicklung dahingeht, dass Iaidō auch von Kendō-praktizierenden Menschen mehr ins Herz geschlossen wird. Auch soll die Wahrheit deutlicher werden, dass Kendō und Iaidō im Grunde eines Wesens von der gleichen Art sind.

Für die Zukunft ist es mein innigster Herzenswunsch, das sich das ZNKR-Iai sowohl unter den Kendō-Treibenden als auch unter den Iai-Praktizierenden mehr und mehr verbreiten möge.

Gesamtjapanischer Kendō-Verband, Stiftung

Der Präsident, Yoshimitsu Takeyasu

Heisei 12, 11. Monat, 2 Tag (02. November 2000)

Sahō (Verhaltensart)

Im Folgenden wird das Verhalten im dōjō[2] (Übungsraum) beschrieben, wenn man eine enbū (Vorführung) vor den kamisama (Göttern) macht.

Vor Buddha, der Nationalflagge und dem Platz für Ehrengäste gilt entsprechendes.

In 1) keitōshisei den 2) (Vorführungs-) Platz einnehmen und sich 3) zum shinza[3] (Sitz der Götter) verneigen. Sich dann in 4) die Richtung der Vorführung positionieren und 5) die Anfangsverneigung zum katana ausführen 6) das katana in den obi (Gürtel) stecken und dann zur Vorführung übergehen.

Wenn die Vorführung beendet ist, 7) die Endverneigung zum katana ausführen, 8) sich abermals zum shinza verneigen und 9) den Vorführungsplatz verlassen.

1) Keitōshisei (Keito-Haltung)

Das katana trägt man bei sich, indem der Daumen der linken Hand auf dem tsuba (Stichblatt) aufliegt[4], die restlichen vier Finger umfassen zusammen mit dem sageo die saya (Schwertscheide) dicht an der koiguchi[5] (saya-Öffnung). Den Ellbogen etwas beugen, die ha (Schneide) zeigt nach oben, das tsukagashira[6] (Griffende) zur Bauchmitte, das linke

---

[2] dōjō heißt wörtlich übersetzt Ort des Weges
[3] shinza kann man sowohl als Sitz Gottes als auch als Sitz(e) der Götter übersetzen
[4] genauer: das vordere Glied des Daumens der linken Hand wird auf den Rand des tsuba aufgelegt.
[5] koiguchi heißt wörtlich übersetzt Karpfenmaul, im Kommentar ist aber stets die saya-Öffnung gemeint
[6] tsukagashira siehe auch die Abbildung auf Seite 67

Daumen-(grund)gelenk[7] berührt die Oberkante des linken Hüftknochen leicht und das kojiri[8] (geschlossenes Ende der saya) hängt in einem Winkel von ungefähr fünfundvierzig Grad nach hinten (links) zeigend. Die rechte Hand ist an der Körperseite angelegt und hängt in natürlicherweise gerade herunter.

2) Shutsujō (Den Vorführungsplatz betreten)

In der keitōshisei mit dem rechten Fuß beginnend zum Vorführungsplatz schreiten. Bevor man zum Platz geht, auf jeden Fall das mekugi (kleiner Bambusstift zur Sicherung der Klinge) überprüfen, die Kleidung korrigieren, die linke Seite des obi in Ordnung bringen, damit das katana leicht eingesteckt werden kann und so weiter. Alles soll vorbereitet sein.

---

[7] üblicherweise berührt der linke Daumenballen die höchste Stelle am linken Beckenkamm.
[8] kojiri siehe auch die Abbildung auf Seite 67

3) Shinza e no rei (Verneigung vor dem shinza)

In der keitōshisei sich zum shinza hinwenden und gerade stehen bleiben.

Die linke Hand auf Hüfthöhe dicht an die rechte Körperseite bringen, mit der rechten Hand unterhalb der kurigata (Schwertband-Öse an der saya) so umgreifen und dann in der rechten Hand das katana halten, dass die ha nach unten und das tsukagashira nach hinten zeigt.

Die linke Hand von der saya lösen und in natürlicher Weise herunter hängen lassen. Das katana in der rechten Hand in natürlicher Weise an der Körperseite halten und das kojiri nach vorne herunter hängen lassen. Respektvoll rei (Verneigung) ausführen, indem der Oberkörper um zirka dreißig Grad nach vorne geneigt wird. Ist rei beendet, das rechte Handgelenk so nach links drehen, dass sich die Handinnenfläche nach rechts außen wendet; die rechte Hand bis vor den Bauchnabel führen.

Den Daumen der linken Hand auf das tsuba anlegen und das katana in die linke Hand nehmen und wieder keitōshisei einnehmen.

4) Enbū no hōkō (Die Richtung der Vorführung)

In der keitōshisei sich in Richtung des rechten Fußes drehen und sich so positionieren, dass der shinza sich in der linken Diagonale befindet.

Wenn man eine Vorführung macht, nennt man diese Richtung shōmen (Vorderseite (während der Dauer) der Vorführung). Folglich ist diese Richtung als Richtungsangabe standardisiert.

5) Hajime no tōrei (Die erste Verneigung zum Schwert)

Von der keitōshisei aus a) abknien, b) das katana vorne auf den Boden legen, so dass der tsuka (Griff) sich auf der rechten Seite befindet und dann die c) seiza-Haltung einnehmen. Anschließend die d) sitzende Verneigung zum katana ausführen und abermals die seiza-Haltung einnehmen.

a) Chakuza (abknien): Ohne den rechten und linken Fuß zurückzunehmen von der keitōshisei aus beide Knie ein wenig öffnen und während des Beugens mit der rechten Hand hakamasabaki[9] ausführen und dann in der Reihenfolge links rechts beide Knie auf den Boden bringen[10]. Die Zehen ablegen und nebeneinander hinlegen, die Hüfte absetzen, während man sich sammelt. Die Finger der rechten Hand liegen leicht gestreckt auf dem rechten Oberschenkel und gleichzeitig die linke Hand, die das katana hält, auf den linken Oberschenkel ablegen.

b) Katana no okikata (Das Schwert vorne auf den Boden legen): Während man mit der linken Hand das auf dem linken Oberschenkel liegende katana so weit nach rechts vorne schiebt, bis sich das tsuba in der Körpermitte befindet, die rechte Hand an die linke Handinnenseite bringen, den Daumen der rechten Hand auf dem tsuba auflegen[11] und mit den restlichen vier Fingern nahe der koiguchi greifen.

---

[9] hakamasabaki: Den Saum des hakama (Hosenrock) mit der Handfläche leise nach links und rechts zur Seite fegen.
[10] Knie auf den Boden bringen: Wenn beide Knie auf dem Boden sind, soll der Abstand zwischen den Knien ungefähr eine Faustbreit sein. Zu dieser Zeit soll das kojiri nicht auf den Boden auftreffen und das katana soll annähernd waagerecht sein.
[11] *siehe Fußnote 4 (siehe Seite 17)*

Während der rechte Ellbogen gestreckt und die ha nach shōmen gewendet wird, streicht die linke Hand über die saya bis in die Nähe des kojiri und greift dort leicht von oben.

Den Oberkörper nach vorne neigen und damit das kojiri nicht zum shinza zeigt, dieses etwas näher bei sich belassen und das katana vorne auf den Boden hinlegen.

Während der Oberkörper sich aufrichtet, beide Hände in der Reihenfolge rechts links auf den Oberschenkel legen und den Geist ruhig werden lassen. So entsteht die seiza no shisei.

c) Seiza no shisei (Die sitzende Haltung): Den Rücken strecken, im tanden (Unterbauch)[12] Kraft ansammeln; die Kraft aus beiden Schultern nehmen und die Brust natürlich gestreckt lassen. Die Nackenlinie[13] strecken, den Kopf geradeaus, beide Hände natürlich auf die Oberschenkel legen.

Die Augen sind etwa vier bis fünf Meter nach vorne auf den Boden gerichtet und halb geöffnet. Es entsteht der enzan no metsuke[14] (auf weite Berge gerichtete Blick). Das Ki (Geist, Energie) in vier[15] Richtungen verteilen.

d) Zarei no shisei (Die sitzende Verneigung zum katana): Während sich der Oberkörper aus der seiza no shisei nach vorne neigt, die Finger zusammen lassen und beide Hände in der Reihenfolge links rechts so auf den Boden auflegen, dass die beiden Zeigefinger und Daumenspitzen sich gegenseitig berühren und ein Dreieck bilden. Beide Ellbogen berühren leicht die

---
[12] Unterbauch: Bereich unter dem Bauchnabel
[13] Nackenlinie: Rückseite des Halses
[14] enzan no metsuke: Mit dem Gefühl sehen, als wenn man weit entfernte Berge betrachtet, nicht beobachten, was direkt vor den Augen ist.
[15] das ki in alle Richtungen schicken und aufmerksam vorbereitet sein

Knie(außenseite) und den Boden, den Oberkörper tief absenken und sich respektvoll verneigen. Wenn dies beendet ist und während der Oberkörper ruhig aufgerichtet wird, beide Hände in der Reihenfolge rechts, links auf die Oberschenkel zurücknehmen und es entsteht abermals seiza no shisei.

6) Taitō (Das katana in den obi stecken)

Ist die erste Verneigung zum katana beendet, entsteht ein mentales Einheitsgefühl von Schwert und Geist (Herz).

Während sich aus der seiza no shisei der Oberkörper nach vorne neigt, werden beide Arme gestreckt und das katana aufgenommen. Die Handinnenfläche der rechten Hand zeigt, wenn man das katana nahe der koiguchi greift, nach oben und der Daumen wird dabei an das tsuba angelegt. Gleichzeitig die linke Hand nahe des kojiri bringen und von oben leicht greifen. Während sich der Oberkörper aufrichtet das kojiri zur Bauchmitte führen, die linke Hand löst sich und das katana wird in den obi[16] gesteckt. Die linke Hand an die linke Seite des obi anlegen, mit der rechten Hand das tsuba bis vor den Bauchnabel schieben[17] und so das katana tragen. Ist dies beendet, das sageo (an die hakama-Bänder) knoten und beide Hände auf die Oberschenkel legen. So entsteht die seiza no shisei mit eingestecktem katana.

---

[16] zwischen zwei obi-Lagen
[17] *Wenn das katana in den obi gesteckt wird, soll man sich bemühen, das Vor- oder Zurückbewegen des katana, sowie das Drehen des Griffes etc. zu vermeiden.*

7) Owari no tōrei (Die Endverneigung zum Schwert)

Die Vorführung ist beendet und nachdem man sich in seiza hingesetzt und a) das katana entfernt hat, indem man b) es vorne so auf den Boden abgelegt hat, dass sich der tsuka auf der linken Seite befindet, wird die zarei zum katana ausgeführt. c) Das katana auf den linken Oberschenkel nehmen, d) sich erheben und die keitōshisei einnehmen.

a) Dattō (Das Schwert entfernen): In der seiza-Haltung, nachdem das sageo des im obi eingesteckten katana aufgeknotet (gelöst) ist, die linke Hand nahe der koiguchi bringen, greifen und den Daumen dabei auf das tsuba auflegen[18].

Während das katana (zusammen mit der saya) ein bisschen nach rechts vorne herausgezogen wird, die rechte Hand an die linke Handinnenseite bringen.

Den Zeigefinger der rechten Hand an das tsuba anlegen, die restlichen vier Finger greifen nahe der koiguchi. Die linke Hand an die linke Seite des obi nehmen, den rechten Ellbogen strecken und das katana (aus dem obi) herausziehen, so dass die ha zur Innenseite (zum Vorführenden) zeigt.

b) Katana no okikata to zarei (Das Schwert auf den Boden legen und die sitzende Verneigung ausführen): Die an der linken Hüfte anliegende Hand bleibt so, mit der rechten Hand das katana aufstellen. Das kojiri in Richtung rechts vorne positionieren. Nachdem das katana auf den Boden gestellt ist, es dann ruhig auf den Boden nach links gradlinig auf die Seite legen. Sicherstellen, dass das sageo ordentlich entlang der saya liegt. Während

---
[18] *siehe Fußnote 4 (siehe Seite 17)*

man den Oberkörper aufrichtet, beide Hände auf die Oberschenkel legen und es entsteht die seiza-Haltung. Nachdem man die rei zum katana ausgeführt hat, so wie man unter Punkt 5 d) „Zarei" (Seite 9 oben) gelernt hat, kehren beide Hände auf die Oberschenkel zurück und es entsteht abermals die seiza-Haltung.

c) Katana no torikata (Das Schwert aufnehmen): Die auf dem linken Oberschenkel liegende linke Hand bleibt so, den rechten Arm strecken und den Zeigefinger an das tsuba anlegen, mit den restlichen vier Fingern nahe der koiguchi greifen. Die zur Innenseite (zum Vorführenden) zeigende ha bleibt so und wird vorne im Zentrum ruhig aufgestellt.

Die linke Hand zur Mitte der saya bringen und bis in die Nähe des kojiri herunterführen. Das katana mit beiden Händen nach links seitlich zurücknehmen und auf den linken Oberschenkel legen. Die linke Hand von der saya lösen und zur rechten Handinnenseite bringen. Den Daumen der linken Hand auf das tsuba auflegen[19], mit den restlichen vier Fingern nahe der koiguchi greifen, das katana in die linke Hand nehmen, und die rechte Hand auf den rechten Oberschenkel legen.

d) Tachi agari kata (Sich erheben): Von der seiza-Haltung aus, das katana liegt auf dem linken Oberschenkel, die Hüfte anheben, die Zehen aufstellen, die Hüfte strecken, den rechten Fuß an die Innenseite der linken Kniescheibe bringen und sich ohne Neigung des Oberkörpers erheben, gleichzeitig den hinteren Fuß zum vorderen Fuß stellen und es entsteht die keitōshisei.

---

[19] *siehe Fußnote 4 (siehe Seite 17)*

8) Taijō (Den Vorführungsplatz verlassen)

Sich in der keitōshisei zum shinza wenden, das katana in die rechte Hand nehmen und die Verneigung zum shinza ausführen. Das katana abermals in die linke Hand nehmen und in der keitōshisei mit dem linken Fuß beginnend zwei, drei[20] Schritte zurückgehen, sich in Richtung des rechten Fußes drehen und umdrehen, und den Vorführungsplatz verlassen.

---

[20] *üblicherweise geht man drei Schritte zurück und dreht dann im Uhrzeigersinn.*

Waza (Techniken)

Seiza no bu (Sitzender Teil)

Ipponme (1. Form)
前 mae (vorne)

Das Wesentliche

Wenn die Tötungsabsicht des gegenüber sitzenden Gegners fühlbar ist, ihm zuvorkommen, indem man das katana durch die komekami[21] (Schläfe) zieht. Noch einmal einen abwärts führenden Schnitt gerade nach vorne ausführen und so den Gegner besiegen.

Der Bewegungsablauf

1. In Richtung shōmen sitzend die Hände ruhig an das katana anlegen und koiguchi okiru (die Klinge lockern) ausführen. Während man die Hüfte anhebt, gleichzeitig sayabiki[22] ausführen und dann die Zehen aufstellen. Dabei bleibt die ha oben. Dann anfangen die saya nach links zu drehen und kurz vor sayabanare[23], die ha dabei waagerecht haltend, die Hüfte aufrichten (wörtlich: strecken), den rechten Fuß nach vorne aufstellen[24] und

---

[21] komekami: der Bereich zwischen Auge und Ohr.
[22] sayabiki: Ohne die linke Hand von der koiguchi zu lösen, den kleinen Finger am obi angelegt lassen, die linke Faust reichlich nach hinten ziehen.
[23] sayabanare: Die Schwertspitze hat die koiguchi gerade verlassen.
[24] Wenn man den rechten Fuß nach vorne aufstellt, sind die Zehen vom linken Fuß gerade hinter dem linken Knie. Damit beide Knie einen rechten Winkel bilden, die Hüfte reichlich einsetzen und den Oberkörper gerade halten, während die Kraft im tanden bleibt.

gleichzeitig durch die komekami des Gegners stark durchziehen[25].

2. Die linke Kniescheibe nahe an die rechte Ferse bringen und gleichzeitig, während man die koiguchi vor den Bauchnabel zurückbringt, die kissaki (Schwertspitze) mit dem Gefühl nach hinten zu stechen, nahe des linken Ohrs vorbei bringen, schnell das katana über den Kopf bringen[26] (hochnehmen) und gleichzeitig mit der linken Hand den tsuka fassen, ohne eine Pause zu machen den rechten Fuß nach vorne aufstellen und gleichzeitig von gerade oben abwärtsführend schneiden[27].

3. Die linke Hand vom Griff lösen und an die linke Seite des obi anlegen, gleichzeitig die Handfläche der rechten Hand nach oben drehen und die ha nach links wenden. Unverändert groß nach rechts in Schulterhöhe drehen, dann den Ellbogen beugen und die Faust dicht an die Schläfe bringen.

Während man aufsteht, wird ein „durch das kesa (buddhistische Mönchsrobe) abwärts führendes chiburi[28]" gemacht und es entsteht iaigoshi.

---

[25] Wenn man durchzieht, den Oberkörper ungefähr fünfundvierzig Grad nach links drehen *(wörtlich: öffnen)*. Die rechte Faust stoppt diagonal rechts vorne, die Schwertspitze ist im Verhältnis zur rechten Schulter ein wenig gesenkt und stoppt im Verhältnis zur rechten Faust in etwa in Linie zu deren Innenseite.

[26] Wenn man das katana über den Kopf hochnimmt, die kissaki nicht unter die Waagerechte absinken lassen.

[27] Wenn man abwärtsführend geschnitten hat, soll die linke Faust vor dem Bauchnabel stoppen. Die kissaki soll von der Waagerechten aus etwas gesenkt sein. Die Körperhaltung entspricht der vorherigen Fußnote 24.

[28] Ein „durch das kesa abwärts führendes chiburi" wird genauso ausgeführt, wie wenn man Tropfen vom Regenschirm abschüttelt. Die rechte Faust befindet sich mit der linken Hand auf Hüfthöhe und ist diagonal rechts vorne wenn man *(das Blut)* „abgeschüttelt" hat. Die kissaki ist vorne ungefähr fünfundvierzig Grad gesenkt und stoppt im Verhältnis zur rechten Faust in etwa in Linie zu deren Innenseite. In diesem Moment zeigt die Schneide in die Richtung, in die man *(das Blut)* „abgeschüttelt" wurde.

4. Iaigoshi[29] beibehalten, den hinteren Fuß auf Höhe des vorderen Fußes bringen und anschließend den rechten Fuß zurücksetzen.

Vom obi aus die linke Hand zur koiguchi bringen und nōtō[30] ausführen, indem das katana eingesteckt wird und bei Beendigung gleichzeitig das hintere Knie auf den Boden gesetzt wird.

Wenn das Einstecken beendet ist, befindet sich das tsuba vor dem Bauchnabel und das katana ungefähr in der Waagerechten.

5. Wenn man aufsteht, gleichzeitig den hinteren Fuß zum vorderen Fuß bringen. Die rechte Hand vom tsuka lösen. So entsteht die taitōshisei[31]. Mit dem linken Fuß *(beginnend)* rückwärtsgehen und zum ursprünglichen Platz zurückkehren.

---

[29] iaigoshi: In der Geisteshaltung von zanshin *(wörtlich: übrigbleibender Geist/Herz; nach einer zielgerichteten Aktion, wie zum Beispiel einem Schnitt, wird der Geist in eine nach allen Richtungen aufmerksame, wahrnehmende Form gebracht.)* stehen, beide Knie sind ein wenig gebeugt und die Hüfte befindet sich in abgesenkter Haltung.

[30] nōtō: Beim nōtō umgreift die linke Hand mit dem Mittelfinger die koiguchi, Daumen und Zeigefinger greifen locker. Die rechte Hand bringt den mune (Schwertrücken) dicht am tsuba an die Vertiefung von Daumen und gebogenen Zeigefinger der linken Hand. Den rechten Ellbogen diagonal nach rechts vorne strecken und die kissaki nahe an die linke Hüfte bringen, gleichzeitig auch die koiguchi mit der linken Hand dicht an die linke Seite des obi bringen, und die kissaki in die koiguchi hineinführen. Wenn man anfängt das katana einzustecken, gleichzeitig mit der linken Hand die saya ein wenig ziehen und vor holen. *(Die saya ein wenig ziehen mit dem Gefühl die Klinge „abzuholen". Wenn mit beiden Händen das Einstecken beendet ist, den Daumen der linken Hand auf das tsuba auflegen.)*

[31] taitōshisei: Die Haltung mit dem im obi steckenden katana.

Nihonme (2. Form)
後ろ ushiro (hinten)

Das Wesentliche

Wenn man die Tötungsabsicht des im Rücken sitzenden Gegners fühlt, ihm zuvorkommen, indem man das katana durch die Schläfe zieht. Noch einmal einen abwärtsführenden Schnitt von gerade vorne durchführen und so den Gegner besiegen.

Der Bewegungsablauf

Sich von shōmen aus *(180°)* nach rechts umdrehen und sich in seiza setzen.

Beide Hände ruhig an das katana anlegen und ziehen wie unter Bewegungsablauf **1.** der 1. Form gelernt wurde.

Sich dem Gegner von shōmen zuwenden, indem die rechte Kniescheibe als Achse *(Drehpunkt)* genutzt, das linke Knie aufgestellt und nach links herumgedreht wird. Dabei das katana ziehen. Den linken Fuß etwas nach links setzen, gleichzeitig nach der Schläfe des Gegners zielen und stark durchziehen. Genauso wie unter Bewegungsablauf der ersten Form, Punkt **2.**, **3.** und **4.**, die Fußbewegungen gegenteilig rechts, links machen, den Schnitt, chiburi, nōtō, taitōshisei ausführen. Mit dem linken Fuß *(beginnend)* rückwärtsgehen und zum ursprünglichen Platz zurückkehren.

Sanbonme (3. Form)
受け流し ukenagashi (empfangen und (ab-)fließen lassen)[32]

Das Wesentliche

Der auf der linken Seite sitzende Gegner steht plötzlich auf und führt einen Schnitt nach unten aus. Den kommenden Schnitt am shinogi[33] (Gratlinie) vorbeigleiten lassen und weiterhin mit einem abwärts führenden Schnitt durch das kesa den Gegner besiegen.

Der Bewegungsablauf

1. Sich von shōmen aus nach rechts drehen und sich in seiza setzen.

Sich nach dem aus Richtung shōmen angreifenden Gegner zuwenden und gleichzeitig schnell beide Hände an das katana anlegen, ohne eine Pause die Hüfte anheben und die Zehen des rechten Fußes aufstellen.

Während man die Hüfte aufrichtet, den linken Fuß an der Innenseite des rechten Knies so aufsetzen, dass die Fußspitze etwas zur Außenseite gedreht ist, das katana dicht an der Brust vorbei Richtung vorn oberhalb des Kopfes ziehen. Gleichzeitig mit diesem nukiageru (nach oben Ziehen des katana) aufstehen, den rechten Fuß an die Innenseite des linken Fußes setzen und so die gegnerische Klinge an der eigenen Klinge abgleiten lassen.[34]

---

[32] ukenagashi kann man auch mit parieren und abgleiten lassen übersetzen.
[33] shinogi: siehe Abbildung der Klinge auf Seite 66.
[34] Es wird eine den Oberkörper schützende Haltung eingenommen, wenn das katana nach oben gezogen wurde, die Schneide nach hinten und oben gedreht und die kissaki nach unten hängen gelassen wird.

2. Ist das katana vorbei geglitten, muss man die kissaki mit vollem Schwung nach rechts oben drehen. Wenn man sich zum Gegner wendet, die linke Hand an den tsuka legen und ohne das katana zu stoppen den linken Fuß vom rechten Fuß *(weg)* nach hinten ziehen und gleichzeitig vom linken Schulteransatz an *(durch das kesa abwärts führend)* schneiden[35].

3. Die Körperhaltung so beibehalten, und wenn die ha nach vorne gedreht wird beide Hände nach links vorne bringen[36] und das monouchi[37] nahe oberhalb der rechten Kniescheibe *(auf-)*legen.

4. Die rechte Hand vom tsuka lösen und von oben umgekehrt halten.

5. Die linke Hand vom tsuka lösen und die koiguchi greifen. Die rechte Hand dreht die Handfläche nach oben, die kissaki von unten nach links drehen und den Schwertrücken dicht am tsubamoto[38], an die koiguchi bringen.

Die umgekehrte Hand beibehalten und nōtō ausführen. Wenn das Einstecken beendet wird, setzt das hintere Knie gleichzeitig auf den Boden auf.

---

[35] Wenn man durch das kesa abwärts führend geschnitten hat, stoppt die linke Faust vor dem Bauchnabel. Die kissaki ist im Verhältnis zur Waagerechten etwas tiefer und ein wenig links.
[36] Wenn man beide Hände nach links vorne bringt, entsteht diese Haltung, indem der linke Arm gestreckt wird und den Griff von oben hält. Die Handfläche der rechten Hand zeigt nach oben. Das Greifen lockern und den Griff von unten stützen.
[37] monouchi: siehe Abbildung der Klinge auf Seite 66.
[38] tsubamoto: der Bereich zwischen habaki und tsuba, also dicht am tsuba.

6. Wenn man aufsteht, gleichzeitig den hinteren Fuß neben den vorderen Fuß stellen. Die rechte Hand vom tsuka lösen, und es entsteht die taitōshisei. Mit dem linken Fuß *(beginnend)* rückwärtsgehen und zum ursprünglichen Platz zurückkehren.

Iaihiza no bu (Iai-Knie-Teil)

Yonhonme (4. Form)
柄当て tsukaate (Stoß mit dem Griff)

Das Wesentliche

Wenn die Tötungsabsicht des jeweils vor und hinter einem sitzenden Gegners fühlbar wird, zuerst den vorderen Gegner mit dem tsuka in den suigetsu[39] (Solarplexus) treffen.

Anschließend den hinteren Gegner in den suigetsu stechen und noch einmal den vorderen Gegner durch einen abwärtsführenden Schnitt besiegen.

Der Bewegungsablauf

1. Shōmen zugewendet, im iaihiza[40] Platz nehmen. Beide Hände schnell an das katana anlegen, die Hüfte anheben, die Zehen des linken Fußes gerade hinter dem linken Knie aufstellen, die Hüfte aufrichten, mit dem rechten Fuß einen Schritt machen und gleichzeitig mit beiden Händen das katana

---

[39] mit suigetsu oder auch mit mizuochi wird der Suigetsu bezeichnet.
[40] In folgender Weise im iaihiza Platz nehmen: Aus der taitōshisei beide Knie beugen und nachdem der hakama-Saum zur Seite gefegt ist, das linke Knie auf den Boden bringen.
Den rechten Fuß an die Innenseite des linken Knies stellen und die linken Zehen ausstrecken. Das Knie des rechten Fußes ist aufgestellt und schräg geneigt. Mit der Fußsohle rechtsseitig auf den Boden treten, das Gesäß auf die linke Ferse setzen und den Oberkörper absetzen.
Die Handflächen beider Hände zeigen nach unten, greifen locker und sind auf der Mitte der Innenseite beider Oberschenkel abgelegt.
Die Haltung wird richtig, wenn sie wie im Teil „sahō Punkt 5 c), seiza no shisei" *(siehe Seite 21)* ausgeführt wird.

zusammen mit der saya nach vorne stoßen und mit dem tsukagashira den vorderen Gegner stark in den suigetsu treffen.

2. Während man sofort mit der linken Hand nur das saya nach hinten zieht, sich zum hinteren Gegner umdrehen. Wenn man die linke Kniescheibe als Achse *(Drehpunkt)* benutzt, den linken Unterschenkel nach rechts dreht, den Oberkörper nach links öffnet und gleichzeitig *(das katana)* herauszieht, den mune nahe des monouchi mit der ha zur Außenseite an die linke Brust anlegen.

Ohne Pause die linke Hand mit der koiguchi zur Innenseite drehen und vor dem Bauchnabel anlegen und gleichzeitig den rechten Ellbogen strecken und den hinteren Gegner in den suigetsu stechen.

3. Wenn man sich zum vorderen Gegner umdreht, dreht das linke Knie als Achse *(Drehpunkt)*, die linke Fußspitze kehrt an die ursprüngliche Stelle zurück und gleichzeitig, während man das katana zieht und über den Kopf nimmt, die linke Hand an den tsuka anlegen, sich zum vorderen Gegner umwenden und direkt abwärtsführend schneiden[41].

---

[41] Wenn man abwärtsführend geschnitten hat, ist die Position der kissaki und die Körperhaltung identisch mit dem in der ersten Form mae beschriebenen Punkt 2 *(siehe Seite 27)*.

4. Die Körperhaltung so beibehalten, wenn man die linke Hand vom tsuka löst, an die linke Seite des obi bringt und gleichzeitig mit dem katana in der rechten Hand ein migi no hiraite no chiburi (sich nach rechts öffnendes chiburi)[42] macht.

5. Die linke Hand von der linken Seite des obi zur koiguchi bringen und während man nōtō ausführt, den vorderen Fuß an den hinteren Fuß ziehen und die Hüfte *(bis knapp über die linke Ferse)* absenken. Das andere Knie am Boden lassen und es entsteht die sonkyoshisei.

6. Die Hüfte aufrichten, den rechten Fuß vorsetzen und wenn man aufsteht, gleichzeitig den hinteren Fuß neben den vorderen Fuß stellen. Die rechte Hand vom tsuka lösen, und es entsteht die taitōshisei. Mit dem linken Fuß *(beginnend)* rückwärtsgehen und zum ursprünglichen Platz zurückkehren.

---

[42] Wenn man das „sich nach rechts öffnende chiburi" macht, soll die Position der rechten Faust diagonal rechts vorne und auf gleicher Höhe mit der linken Hand sein. Die ha zeigt nach rechts, die kissaki ist ein wenig gesenkt und in Bezug auf die rechte Faust etwa in Linie zu der Innenseite der Faust.

Tachi lai no bu (lai aus dem Stand)

Gohonme (5. Form)
袈裟切り kesagiri (Schnitte der kesa, kesa-Schnitte)

Das Wesentliche

Während man geradeaus vorwärts geht, kommt von vorne ein Gegner, der sein katana über den Kopf hält. In dem Moment, wenn er zuschlagen will, ihn besiegen, indem man sein kesa umgekehrt nach oben durchschneidet und noch einmal mit umgekehrtem katana einen abwärtsführenden Schnitt durch das kesa[43] ausführt.

Der Bewegungsablauf

1. Man ist shōmen zugewendet und geht mit dem rechten Fuß vorwärts. Sobald der linke Fuß vorgesetzt wird, beide Hände schnell an das katana anlegen.

Während man die saya nach links unten dreht, das katana ziehen, und wenn der rechte Fuß vorgeht, gleichzeitig den vorderen Gegner mit rechts einhändig von dessen rechter Seite aus umgekehrt durch das kesa nach oben schneiden[44].

---

[43] *Kesa: Bezeichnung für buddhistisches Kleidungsstück.*
kesagiri abwärtsführender diagonaler Schnitt; gyakukesagiri: aufwärtsführender diagonaler Schnitt.
[44] Wenn man nach oben geschnitten und das katana gedreht hat, soll die rechte Faust oberhalb der rechten Schulter sein.

2. Die Fußstellung bleibt so, während die linke Hand die saya in die ursprüngliche Position zurückbringt, sich von der koiguchi löst und an den tsuka angelegt wird. Nach dem aufwärtsführenden Schnitt, ohne das katana zu stoppen, vom linken Schulteransatz des Gegners durch das kesa abwärtsführend schneiden[45].

3. Während man den rechten Fuß zurückzieht, hassō no kamae (hassō-Haltung) einnehmen und zanshin zeigen.

4. Während man den linken Fuß zurückzieht, die linke Hand vom tsuka lösen, die koiguchi greifen und gleichzeitig ein (durch das kesa herabführendes) chiburi machen.

5. Die Körperhaltung so beibehalten und nōtō ausführen.

6. Den hinteren Fuß neben den vorderen Fuß stellen und dann die rechte Hand vom tsuka lösen, so dass die taitōshisei entsteht. Mit dem linken Fuß *(beginnend)* rückwärtsgehen und zum ursprünglichen Platz zurückkehren.

---

[45] Wenn man abwärtsführend geschnitten hat, soll die linke Faust und die Position der kissaki genauso sein wie in der 3. Form, Der Bewegungsablauf Punkt 2 *(siehe Seite 31)*.

Ropponme (6. Form)
諸手突き morotetsuki (beidhändiger Stoß)

Das Wesentliche

Während man in der Mitte vorwärtsgeht und die Tötungsabsicht der drei vor und hinter einem befindlichen Gegner fühlt, zuerst rechts diagonal durch das Gesicht des *(ersten)* vorderen Gegners durchziehen und dann mit beiden Händen in den suigetsu stechen.

Als nächstes den hinteren Gegner gerade von vorne mit einem abwärtsführenden Schnitt und anschließend einen anderen, von shōmen kommenden Gegner gerade von vorne mit einem abwärtsführenden Schnitt besiegen.

Der Bewegungsablauf

1. Man ist shōmen zugewendet und geht mit dem rechten Fuß vorwärts. Sobald der linke Fuß vorgesetzt wird, beide Hände an das katana anlegen, wenn der rechte Fuß vorgesetzt wird, gleichzeitig den Oberkörper nach links drehen *(wörtlich: öffnen)* und durch das Gesicht des vorderen Gegners von rechts diagonal bis zum Kinn durchziehen.

2. Sofort, während man den hinteren Fuß nahe an den vorderen Fuß bringt, das katana bis chūdan (mittlere Stufe) senken und die linke Hand an den tsuka legen, ohne eine Pause den rechten Fuß vorsetzen und gleichzeitig mit beiden Händen den vorderen Gegner in den suigetsu stechen.

3. Sich zum hinteren Gegner umdrehen, den rechten Fuß als Achse *(Drehpunkt)* nutzend nach links drehen und während man das katana *(aus dem Körper)* zieht den linken Fuß nach links wechseln. Das katana in der ukenagashi-Weise[46] über den Kopf hoch heben, sich dem hinteren Gegner zuwenden und gleichzeitig den rechten Fuß vorsetzen und abwärtsführend schneiden[47].

4. Dann wieder beim Hinwenden zu einem weiteren von vorne kommenden Gegner den linken Fuß nach links umsetzen, den rechten Fuß vorsetzen und von oben gerade abwärtsführend schneiden.

5. Die Haltung so beibehalten, die linke Hand an die linke Seite des obi bringen und gleichzeitig das nach rechts öffnende chiburi ausführen.

6. Die linke Hand von der linken Seite des obi aus zur koiguchi bringen, die Körperhaltung so beibehalten und nōtō ausführen.

7. Den hinteren Fuß neben den vorderen Fuß stellen, die rechte Hand vom tsuka lösen, so dass die taitōshisei entsteht. Mit dem linken Fuß *(beginnend)* rückwärtsgehen und zum ursprünglichen Platz zurückkehren.

---

[46] *Mit ukenagashi-Weise wird die Art und Weise bezeichnet, wie man das katana von der Endhaltung des vorausgegangen Schnittes oder Stiches für den nächsten Schnitt über den Kopf bringt, nämlich mit dem tsukagashira voran, wobei die kissaki tiefer geführt werden kann (nicht muss) als das tsukagashira. Beachte, dass das katana vor dem Schnitt waagerecht über dem Kopf zu halten ist.*

[47] Wenn man abwärts führend geschnitten hat, stoppen beide Fäuste vor dem Bauchnabel und das katana befindet sich in der Waagerechten. Im Folgenden sind alle abwärts führenden *(senkrechten)* Schnitte bis zur zwölften Form genauso auszuführen.

Nanahonme (7. Form)
三方切り   sanpōgiri   (Schnitte in 3 Richtungen)

Das Wesentliche

Während man in der Mitte vorwärtsgeht und die Tötungsabsicht der Gegner aus drei Richtungen, von vorne, von rechts und von links fühlt, zuerst das katana über den Kopf des rechten Gegners ziehen *(und schneiden)*, als nächstes den linken Gegner gerade nach vorne abwärtsführend schneiden. Anschließend den vorderen Gegner *(von shōmen)* durch einen gerade nach vorne abwärtsführenden Schnitt besiegen.

Der Bewegungsablauf

1. Man ist shōmen zugewendet und geht mit dem rechten Fuß vorwärts. Sobald der linke Fuß *(zum 4. Schritt)* vorgesetzt wird, beide Hände an das katana anlegen. Während man auf den vorderen Gegner mentalen Druck ausübt, das katana ziehen und wenn man sich dem rechten Gegner zuwendet, den linken Fuß als Achse *(Drehpunkt)* benutzen, gleichzeitig den rechten Fuß etwas nach vorne setzen und von oberhalb seines Kopfes bis zum Kinn durchziehen.

2. Die Position der Füße so beibehalten und während der rechte Fuß als Achse *(Drehpunkt)* benutzt wird, zum linken Gegner drehen, das katana in fließender Bewegung über den Kopf hochheben, gleichzeitig die linke Hand an den tsuka anlegen und ohne eine Pause von gerade vorne abwärtsführend schneiden.

3. Während man sich, den linken Fuß als Achse *(Drehpunkt)* nutzend, zum vorderen Gegner dreht, das katana in der ukenagashi-Weise[48] über den Kopf nehmen. Wenn der rechte Fuß vorgesetzt wird, gleichzeitig von gerade vorne abwärtsführend schneiden.

4. Während man den rechten Fuß zurückzieht, beide Hände in die linke jōdan no kamae (obere Schwerthaltung) bringen und zanshin zeigen.

5. Während man den linken Fuß zurückzieht, die linke Hand vom tsuka lösen, zum obi bringen und gleichzeitig ein von oben durch das kesa herabführendes chiburi machen.

6. Die linke Hand von der linken obi-Seite aus zur koiguchi bringen, die Körperhaltung so beibehalten und nōtō ausführen.

7. Den hinteren Fuß neben den vorderen Fuß stellen, die rechte Hand vom tsuka lösen, so dass die taitōshisei entsteht. Mit dem linken Fuß *(beginnend)* rückwärtsgehen und zum ursprünglichen Platz zurückkehren.

---

[48] *siehe Fußnote 46 (siehe Seite 39)*

Happonme (8. Form)
顔面当て ganmenate (Stoß ins Gesicht)

Das Wesentliche

Während man in der Mitte vorwärtsgeht und die Tötungsabsicht der zwei vor und hinter einem befindlichen Gegner, die sich vor und hinter einem befinden, fühlt, zuerst tsukaate in das Gesicht des vorderen Gegners ausführen, anschließend in den suigetsu des hinteren Gegners stechen, weiterhin den vorderen Gegner direkt mit einem abwärtsführenden Schnitt besiegen.

Der Bewegungsablauf

1. Man ist shōmen zugewendet und geht mit dem rechten Fuß vorwärts. Sobald der linke Fuß vorgesetzt wird, beide Hände an das katana anlegen. Wenn der rechte Fuß energisch vorgesetzt wird, gleichzeitig zusammen mit dem saya zustoßen, mit dem tsukagashira kräftig zwischen die Augen des Gegners treffen.

2. Sofort, während man sich zum hinteren Gegner umdreht, sayabiki ausführen. Den rechten Fuß als Achse *(Drehpunkt)* nutzend nach links herum umdrehen und wenn die Klinge sich gerade von der saya trennt, gleichzeitig den linken Fuß nach links wechseln. Wenn man sich zum hinteren Gegner umwendet, gleichzeitig die rechte Faust oben auf der rechten Hüfte anlegen. Die ha zeigt nach außen und das katana befindet sich in der Waagerechten. Ohne eine Pause, während man den rechten Fuß vorsetzt gleichzeitig und ohne dass der Oberkörper an Haltung verliert *(wörtlich: zusam-*

menbricht) den rechten Ellbogen reichlich strecken und in den *suigetsu* des hinteren Gegners stechen[49].

3. Während man das *katana* herauszieht, sich zum vorderen Gegner umdrehen, den rechten Fuß als Achse *(Drehpunkt)* nutzend nach links herum umdrehen, den linken Fuß nach links wechseln und das *katana* in der *ukenagashi*-Weise[50] über den Kopf hoch nehmen. Wenn man die linke Hand an den *tsuka* anlegt, muss man sich gleichzeitig zum vorderen Gegner umdrehen, ohne eine Pause den rechten Fuß vorsetzen und den vorderen Gegner gerade von vorne abwärtsführend schneiden.

4. Die Haltung so beibehalten und wenn man die linke Hand vom *tsuka* löst und an die linke *obi*-Seite bringt, gleichzeitig das nach rechts öffnende *chiburi* ausführen.

5. Die linke Hand von der linken *obi*-Seite aus zur *koiguchi* bringen, die Körperhaltung so beibehalten und *nōtō* ausführen.

6. Den hinteren Fuß neben den vorderen Fuß stellen, die rechte Hand vom *tsuka* lösen, so dass die *taitōshisei* entsteht. Mit dem linken Fuß *(beginnend)* rückwärtsgehen und zum ursprünglichen Platz zurückkehren.

---

[49] Wenn man zugestochen hat, soll die rechte Faust in Bezug auf die *kissaki* ein wenig tiefer sein.
[50] *siehe Fußnote 46 (siehe Seite 39)*

Kyūhonme (9. Form)
添え手突き　soetetsuki　(Stoß mit angelegter Hand)

Das Wesentliche

Während man in der Mitte vorwärtsgeht und die Tötungsabsicht des sich links befindlichen Gegner fühlt, ihm zuvorkommen, indem man durch sein rechtes kesa durchzieht und ihn besiegt, indem man noch einmal mit hinzugefügter Hand in den Bauch sticht.

Der Bewegungsablauf

1. Shōmen zugewendet, mit dem rechten Fuß vorwärtsgehen und wenn der linke Fuß vorgesetzt wird, den Kopf zum linken Gegner drehen, gleichzeitig beide Hände an das katana anlegen.

Anschließend wird der rechte vorgesetzte Fuß als Achse *(Drehpunkt)* benutzt und wenn man sich zum Gegner wendet, den linken Fuß zurückziehen, gleichzeitig den Oberkörper nach links öffnen *(nach links wenden durch sayabiki)* und vom rechten Schulteransatz des Gegners bis zur linken Seite durch das kesa durchziehen[51].

---

[51] Wenn man durch das kesa geschnitten hat, soll die rechte Faust in Höhe des Bauchnabels stoppen, die kissaki soll in Bezug auf die rechte Faust in ein wenig höherer Position sein.

2. Den rechten Fuß ein wenig zurückziehen und etwas in Richtung zur Außenseite richten. Es entsteht soetetsuki no kamae[52], ohne eine Pause den linken Fuß vorsetzen und gleichzeitig in den Bauchbereich des Gegners stechen[53].

3. Während man das katana herauszieht ohne die Position der linken Hand zu bewegen zeigt die Schneide nach vorn unten. Dann eine kamae einnehmen[54], in der man die rechte Faust nach vorne vor die Brust bringt und zanshin zeigt.

4. Die linke Hand von der Klinge lösen und die koiguchi greifen. Wenn man den linken Fuß zurückzieht, ein nach rechts öffnendes chiburi in die Richtung, in die die Schneide zeigt, ausführen.

5. Die Körperhaltung so beibehalten und nōtō ausführen.

---

[52] Die linke Hand ist fest in der Mitte der Klinge angelegt und der mune befindet sich fest eingeklemmt zwischen Daumen und Zeigefinger.
Die rechte Hand, die den tsuka hält, oben an die rechte Hüfte halten; die ha zeigt nach unten, das *katana* befindet sich in der Waagerechten, der Oberkörper in einer nach rechts abgewendeten *(wörtlich: geöffneten)* Haltung.

[53] Wenn man zugestochen hat, soll die rechte Faust vor dem Bauchnabel, das *katana* in der Waagerechten sein.

[54] Wenn man diese kamae eingenommen hat, zeigt die Handfläche der linken Hand nach unten, während die Klinge unverändert zwischen Daumen und Zeigefinger eingeklemmt bleibt.
Der rechte Arm ist leicht gestreckt und bildet mit dem katana ungefähr einen rechten Winkel.

6. Den hinteren Fuß neben den vorderen Fuß stellen, die rechte Hand vom tsuka lösen, so dass die taitōshisei entsteht. Mit dem linken Fuß *(beginnend)* zurückgehen und zum ursprünglichen Platz zurückkehren.

Jupponme (10. Form)
四方切り shihogiri (Schnitte in 4 Richtungen)

Das Wesentliche

Während man in der Mitte vorwärts geht und die Tötungsabsicht der Gegner aus vier Richtungen fühlt, ihnen zuvorkommen. Wenn der Gegner von diagonal rechts das katana gerade ziehen will, tsukaate auf die rechte Faust des Gegners ausführen, als nächstes dem Gegner diagonal links hinten in den suigetsu stechen. Nochmals den Gegner diagonal rechts vorne, anschließend den Gegner diagonal rechts hinten und den Gegner diagonal links vorne jeweils von gerade vorne abwärtsführend schneiden und sie so besiegen.

Der Bewegungsablauf

1. Man ist shōmen zugewendet und geht in der Mitte mit dem rechten Fuß vorwärts. Sobald der linke Fuß vorgesetzt wird, wendet man sich dem Gegner diagonal rechts zu und legt gleichzeitig beide Hände an das katana an. Wenn der Gegner gerade das katana ziehen will, den rechten Fuß energisch vorsetzen und ohne das katana aus der saya zu ziehen, gleichzeitig kräftig mit der flachen Griffseite auf die rechte Faust des Gegners schlagen.

2. Während man auf der Stelle sofort sayabiki ausführt, dreht man sich zum Gegner diagonal nach links hinten. Wenn sich die kissaki von der koiguchi trennt, dreht man sich gleichzeitig nach links zum Gegner und es entsteht hitoemi[55]. Den mune im Bereich des monouchi an die linke Brust anlegen[56]. Ohne Pause den linken Fuß vorsetzen, gleichzeitig, während die linke Hand an die Innenseite gedrückt wird, den rechten Ellbogen strecken und in den suigetsu des Gegners stechen.

3. Während man sich zum Gegner nach diagonal rechts vorne dreht, das katana *(aus dem Körper)* ziehen und über den Kopf hoch nehmen, gleichzeitig die linke Hand an den tsuka anlegen. Den rechten Fuß als Achse *(Drehpunkt)* nutzend nach rechts herumdrehen, sich zum Gegner umwenden und gleichzeitig den linken Fuß vorsetzen und von gerade vorne abwärtsführend schneiden.

4. Während man sich zum Gegner nach diagonal rechts hinten umdreht, den linken Fuß als Achse *(Drehpunkt)* benutzen und das katana in der ukenagashi-Weise[57] über den Kopf nehmen, sich zum Gegner umwenden und gleichzeitig den rechten Fuß vorsetzen und von gerade vorne abwärtsführend schneiden.

5. Während man sich dem jetzt hinten befindlichen Gegner *(anfangs der Gegner diagonal links vorne)* zuwendet, den rechten Fuß als Achse *(Drehpunkt)* benutzen und sich nach links umdrehen. Während man den linken Fuß nach links wechselt, entsteht waki no kamae (seitliche Schwerthaltung), in der ukenagashi-Weise[58] das katana über den Kopf nehmen und

---

[55] Hitoemi: Ungefähr die halbe Körperseite zum Gegner drehen *(wörtlich: öffnen)*.
[56] Wenn der mune an der linken Brust anliegt und wenn man zusticht, entspricht die Ausrichtung des Oberkörpers der gleichen angewandten Haltung wie in der vierten Form tsukaate.
[57] *siehe Fußnote 46 (siehe Seite 39)*
[58] *siehe Fußnote 46 (siehe Seite 39)*

wenn der rechte Fuß vorgesetzt wird, gleichzeitig den Gegner diagonal von vorne links von gerade vorne abwärtsführend schneiden.

6. Während man den rechten Fuß zurückzieht mit beiden Händen die linke jōdan no kamae einnehmen und zanshin zeigen.

7. Während man den linken Fuß zurückzieht die linke Hand vom tsuka lösen, zur linken obi-Seite bringen und gleichzeitig ein von oben durch das kesa abwärts führendes chiburi ausführen.

8. Die linke Hand von der linken obi-Seite aus zur koiguchi bringen, die Körperhaltung so beibehalten und nōtō ausführen.

9. Den hinteren Fuß neben den vorderen Fuß stellen, die rechte Hand vom tsuka lösen, so dass die taitōshisei entsteht. Mit dem linken Fuß *(beginnend)* zurückgehen und zum ursprünglichen Platz zurückkehren.

Jūipponme (11. Form)
総切り sōgiri (Gesamte Schnitte)

Das Wesentliche

In der Vorwärtsbewegung, wenn die Tötungsabsicht eines vor einem befindlichen Gegners gefühlt wird, kommt man diesem zuvor, indem man seine linke Kopfseite diagonal, dann seine rechte Schulter, schließlich die linke Rumpfseite abwärtsführend schneidet und dann den Hüft-/Bauchbereich horizontal schneidet. Anschließend direkt von oben abwärtsführend schneiden und so den Gegner besiegen.

Der Bewegungsablauf

1. Mit dem rechten Fuß eine Vorwärtsbewegung geradeaus nach vorn beginnen. Mit dem Vorsetzen des linken Fußes beide Hände an das katana anlegen, mit dem Vorsetzen des rechten Fußes dann das katana nach vorne ziehen. Anschließend mit dem Zurückziehen des rechten Fußes in die Nähe des linken Fußes, über den Kopf fließend ausholen, gleichzeitig die linke Hand an den tsuka bringen und ohne eine Pause mit dem Vorsetzen des rechten Fußes den vorne befindlichen Gegner schräg, von der linken Oberseite des Kopfes bis zum Kinn abwärtsführend schneiden.

2. Die Eintrittslinie des Schnittes zurückführend in Richtung mune mit dem katana bis über den Kopf ausholen, mit dem Vorsetzen des rechten Fußes den vorne befindlichen Gegner vom rechten Schulteransatz zum suigetsu abwärtsführend schneiden.

3. Die Eintrittslinie des Schnittes zurückführend in Richtung mune mit dem katana bis über den Kopf ausholen und mit dem Vorsetzen des rechten Fußes den vorne befindlichen Gegner von der linken Seite hinunter bis zum Bauchnabel abwärtsführend schneiden *(Wenn zum Bauchnabel geschnitten wurde, ist das katana in der Waagerechten).*

4. Die Eintrittslinie des Schnittes zurückführend in Richtung mune mit dem katana bis über den Kopf ausholen, die ha des katana nach vorne ausrichten, das katana waagerecht am oberen Teil der linken Hüftseite positionieren und ohne dass das Katana gestoppt wird mit dem Vorsetzen des rechten Fußes den vorne befindlichen Gegner vom rechten Hüft-/Bauchbereich zum linken Hüft-/Bauchbereich waagerecht schneiden.

5. Das katana ohne zu stoppen aus der waagerechten Schnitt(-bewegung) über den Kopf nehmen, dann mit dem Vorsetzen des rechten Fußes den vorne befindlichen Gegner direkt von oben abwärtsführend schneiden.

6. Von dieser Körperhaltung aus die linke Hand an die linke obi-Seite bringen und gleichzeitig ein nach rechts öffnendes chiburi ausführen.

7. Die linke Hand von der linken obi-Seite aus zur koiguchi führen, die Körperhaltung so beibehalten und nōtō ausführen.

8. Den hinteren Fuß neben den vorderen Fuß stellen, die rechte Hand vom tsuka lösen, so dass die taitōshisei entsteht. Mit dem linken Fuß *(beginnend)* rückwärtsgehen und zum ursprünglichen Platz zurückkehren.

Jūnihonme (12. Form)
抜き打ち　nukiuchi　(ziehen und schlagen)

Das Wesentliche

Der Gegner steht aufrecht, direkt vor einem. Plötzlich greift er mit gezogener Klinge an. Während das katana nach oben gezogen wird, zurückweichen und das gegnerische katana ins Leere gehen lassen. Daraufhin direkt von oben abwärtsführend schneiden und so den Gegner besiegen.

Der Bewegungsablauf

1. Im Stand zügig beide Hände ans katana anlegen, den linken Fuß nach hinten zurücksetzen und während der rechte Fuß in die Nähe des linken Fußes ebenfalls zurückgezogen wird, die Klinge zügig bis über den Kopf herausziehen und gleichzeitig die linke Hand an den tsuka anlegen, dann ohne Pause mit dem Vorsetzen des rechten Fußes direkt von oben abwärtsführend schneiden.

2. Während man den rechten Fuß hinter den linken Fuß zurücksetzt, die linke Hand an die linke obi-Seite bringen und gleichzeitig ein nach rechts öffnendes chiburi ausführen.

3. Die linke Hand von der linken obi-Seite aus zur koiguchi führen, die Körperhaltung so beibehalten und nōtō ausführen.

4. Den hinteren Fuß neben den vorderen Fuß stellen, die rechte Hand vom tsuka lösen, so dass die taitōshisei entsteht. Mit dem rechten Fuß vorwärtsgehen und zum ursprünglichen Platz zurückkehren.

Ergänzungen

1. Vorführplatz innerhalb eines schintoistischen Schreins, Art und Weise der Fußbewegungen sowie Drehungen beim Verlassen.

Im Fall einer enbū innerhalb eines schintoistischen Schreins beim Eintritt mit dem shimo no ashi[59] voranschreiten, beim Hinausgehen mit dem kami no ashi[60] zurückgehen. Bei einer Richtungsänderung sich in *(Richtung)* kami no ashi drehen.

2. Ausführung von rei innerhalb eines schintoistischen Schreins:

In der keitōshisei wendet man sich in Richtung shinza und nimmt genauso Platz, wie bereits im Teil „Sahō, Punkt 5a) "*(siehe Seite 20)* gelernt wurde. Während man das auf dem Oberschenkel in der linken Hand gehaltene katana ein wenig nach rechts vorne bringt, die rechte Hand zur Innenseite der linken Hand bringen. Den Zeigefinger der rechten Hand an das tsuba anlegen, die übrigen vier Finger greifen mit dem sageo nahe der koiguchi. Das katana in die rechte Hand wechseln. Während die linke Hand auf dem linken Oberschenkel liegt, bringt die rechte Hand das kojiri von links hinten nach rechts hinten, so dass die ha zur Innenseite *(zum Vorführenden)* zeigt und das tsuba sich in Höhe der Kniescheibe befindet. Das katana ruhig und so auf den Boden ablegen, dass es parallel zum rechten Oberschenkel mit zirka einer Faust Abstand liegt. Die rechte Hand vom katana lösen und auf den rechten Oberschenkel zurücknehmen, dann zarei ausführen wie bereits im Teil sahō, Punkt 5d), gelernt wurde. Wenn zarei beendet ist, das

---

[59] Shimo no ashi: der Fuß, welcher zur shinza (Göttersitz, schintoistischer Schrein) oder zur kamiza (auch jōza genannten Ehrenplatz für hochgestellte Persönlichkeiten, zum Beispiel Bundespräsident), weiter entfernt steht.
[60] Kami no ashi: der Fuß, welcher zur shinza oder zur kamiza näher steht. Falls man auf der Mittellinie steht, heißt der rechte Fuß kami no ashi.

katana in umgekehrter Reihenfolge auf den linken Oberschenkel zurücknehmen.

3. Sōgo no zarei (Die gegenseitige sitzende Verneigung):

Die sitzende Verneigung ist genauso wie bereits im Teil „Sahō", Punkt 5d), gelernt wurde[61], aber vor einem sensei (Lehrer) oder senpai[62] muss zuerst der Schüler tief rei ausführen und den Oberkörper später aufrichten als der sensei oder senpai.

4. Yagai de no tōrei (Die Verneigung vor dem katana im Freien):

In der keitōshisei, während man die linke Hand ein wenig nach rechts vorne bringt, muss man die rechte Hand zur Innenseite der linken Hand bringen. Den Daumen der rechten Hand an das tsuba anlegen, die übrigen vier Finger greifen mit dem sageo nahe der koiguchi. Während man den rechten Ellbogen nach rechts vorne streckt, bringt man die linke Hand dicht an das kojiri, so dass die Handfläche nach oben und die ha dabei zur Außenseite zeigt *(vom Vorführenden weg)*. Mit beiden Händen das katana in Höhe der Augen halten und gegenüber dem katana rei ausführen. Anschließend, wenn man die Anfangsverneigung ausgeführt hat, das kojiri zur Bauchmitte bringen und in den obi stecken[63].

Wenn man die Endverneigung gemacht hat, das katana an die linke Seite in die keitōshisei bringen.

---

[61] *mit der Abweichung, dass bei* Verneigungen *zum shinza als auch zum sensei beide Hände gleichzeitig auf den Boden aufgelegt und auch gleichzeitig wieder zurückgenommen werden.*
[62] Schüler, der weiter fortgeschritten ist als man selbst
[63] Es entsteht die taitōshisei

5. Sagetōshisei (Die Körperhaltung beim Tragen des katana *in der Hand*):

Die linke Hand greift zusammen mit dem sageo die koiguchi locker und liegt an der Körperseite an, dabei befindet sich die ha oben und das kojiri hängt nach hinten in natürlicher Weise herunter. Diese Haltung wird eingenommen, wenn es eine Pause gibt *(ähnlich wie beim Militär, wenn nach „Achtung" der Befehl „Rührt euch" folgt)*.

6. Die Regeln in einer enbū:

Die gesamte enbū soll durch starke geistige Energie erfüllt sein. Die exakte Haltung zum Gegner, die sogenannte Einheit von ki, ken, tai, (Geist, Schwert und Körper) soll gewissenhaft ausgeführt werden.

Es ist wichtig, Körper und Geist mit dem Bewusstsein zu benutzen, mit einem scharfen katana um das eigene Leben zu kämpfen.

7. Kokyū (Die Atmung):

Grundsätzlich soll man, wenn man von einer kata zur anderen übergeht, dreimal eingeatmet haben, um den Bewegungsablauf zu beginnen.

Es ist wünschenswert jede kata innerhalb einer Atmung zu vollenden, oder aber, dass der Gegner die Atmung nicht bemerkt. Das ist wichtig.

8. Die Art und Weise wie man den Griff fasst:

Die rechte Hand fasst nahe am tsuba, die linke Hand fasst so, dass das tsukagashira übrig *(frei)* bleibt und der kleine Finger sich am makidome[64] *(Griffbandknoten)* befindet. Beide Arme, obere und untere Muskulatur stark benutzen, den kleinen Finger und den Ringfinger schließen, die anderen Finger sind locker. Genauso wie man ein Hühnerei greift den tsuka fassen; die ganze Handfläche berührt den tsuka sanft, locker fassen.

---

[64] makidome : s. Abbildung des Schwertes *(siehe Seite 67)*

9. Sageo (Das Band an der Schwertscheide):

Grundsätzlich soll man das sageo zusammen mit dem katana lassen. Der Gebrauch des sageo und die Knotenweise soll man nach der Methode, wie es die einzelnen Schulen vorschreiben, ausführen. Unter bestimmten Umständen aber kann man das Tragen des sageo auch weglassen.

Die Beurteilung des Zen Nihon Kendō Renmei Iai
Die Prüfungskriterien

Sahō (reihō)
Wird das festgelegte Verhalten der Etikette ausgeführt?

1. Form mae

a) Wenn gezogen wird, wird genügend sayabiki ausgeführt?

b) Wird mit dem Gefühl, als ob man entlang des linken Ohrs nach hinten sticht, das katana über den Kopf hochgenommen?

c) Hängt die kissaki beim Hochnehmen über den Kopf nicht tiefer als die Waagerechte?

d) Wird ohne Pause abwärtsführend geschnitten?

e) Ist die kissaki nach dem abwärtsführenden Schneiden ein wenig tiefer *(als die Waagerechte)*?

f) Ist die allgemeine Tendenz von chiburi richtig?

g) Wird nōtō richtig ausgeführt?

2. Form ushiro

a) Während der Prüfling sich wendet, wird gleichzeitig das katana gezogen; wird der linke Fuß etwas nach links energisch aufgesetzt?

b) Wird richtig durch die Schläfe des Gegners durchgezogen?

3. Form ukenagashi

a) Wird der Oberkörper in der ukenagashi-Position in eine geschützte Körperhaltung gebracht?

b) Wird der linke Fuß in Richtung des rechten Fußes nach hinten zurückgezogen und ein kesa-Schnitt gemacht?

c) Stoppt die linke Faust vor dem Bauchnabel, ist die kissaki etwas tiefer *(als die Waagerechte)*?

4. Form tsukaate

a) Trifft das tsukagashira genau in den suigetsu des Gegners?

b) Wird beim Stich zum hinteren Gegner der rechte Ellbogen gestreckt, dreht und drückt die linke Hand die noch gehaltene koiguchi vor dem Bauchnabel?

c) Wird gegenüber dem vorderen Gegner, während das katana *(aus dem Gegner)* gezogen und über den Kopf hoch genommen wird, gerade nach vorne geschnitten?

5. Form kesagiri

a) Wenn umgekehrt kesa geschnitten und das katana gedreht wird, befindet sich die rechte Faust oberhalb der rechten Schulter?

b) Wird ein durch das kesa geführtes chiburi gemacht, wobei gleichzeitig der linke Fuß zurückgezogen wird und die linke Hand die koiguchi greift?

6. Form morotetsuki

a) Wird bis zum Kinn geschnitten, wenn durch den Kopf des Gegners diagonal rechts durchgezogen wird?

b) Während das katana in chūdan und der hintere Fuß zum vorderen gebracht wird, wird dann mit Genauigkeit in den suigetsu gestochen?

c) Wird das katana beim Ziehen *(aus dem Gegner)* in der ukenagashi-Weise[65] über den Kopf genommen?

---

[65] *siehe Fußnote 46 (siehe Seite 39)*

7. Form sanpōgiri

a) Wird bis zum Kinn geschnitten, wenn zum rechten Gegner gezogen wurde?

b) Wendet sich der Prüfling, zum linken Gegner und wird ohne Pause von gerade nach vorne abwärts führend geschnitten?

c) Nachdem das katana in der ukenagashi-Weise[66] über den Kopf genommen und geschnitten wurde, befindet sich das katana in der Waagerechten?

8. Form ganmenate

a) Wird mit dem tsukagashira richtig zwischen die Augen gestoßen?

b) Befindet sich die rechte Faust gegenüber dem hinteren Gegner richtig auf der rechten Hüfte *(über dem Hüftknochen angelegt)*?

c) Hat sich der Prüfling vollkommen zum hinteren Gegner gewendet, ist die linke Ferse beim Stechen etwas angehoben?

d) Wird der Stich aus einer geraden (wörtlich: nicht L-förmigen) Stellung der Füße heraus ausgeführt?

9. Form soetetsuki

a) Wenn der Prüfling durch das rechte kesa durchgezogen hat, befindet sich die rechte Faust in Höhe des Bauchnabels, ist die kissaki etwas höher als die rechte Faust?

b) Befindet sich die linke Hand in der Mitte der Klinge? Ist die Klinge zwischen Daumen und Zeigefinger geklemmt und befindet sich die rechte Faust auf der rechten Hüfte? *(über dem rechten Hüftknochen)*?

c) Wenn in den Bauch gestochen wird, stoppt die rechte Faust vor dem Bauchnabel?

d) Wird beim zanshin der rechte Ellbogen gestreckt *(wörtlich: nicht gebogen)*, ist die rechte Faust nicht höher als die rechte Brust?

---

[66] *siehe Fußnote 46 (siehe Seite 39)*

10. Form shihogiri

a) Wird bei tsukaate stark und genau mit der Griffbreitseite zugeschlagen?
b) Wird nach sayabiki der Bereich des monouchi an die linke Brust angelegt und präzise zum suigetsu gestochen?
c) Wenn gestochen wird, wird die noch gehaltene koiguchi vor den Bauchnabel gebracht und kann der Prüfling die linke Hand komplett eindrehen?
d) Wird das katana über waki no kamae über den Kopf geführt?

11. Form sōgiri

a) Wenn das katana nach oben gezogen und ausgeholt wird, wird dies mit der ukenagashi-Methode ausgeführt?
b) Wenn geschnitten wird, wird okuriashi[67] ausgeführt?
c) Wenn der Hüft-/Bauchbereich geschnitten wird, ist die hasuji (Linie der Schneide, Schnittlinie) korrekt horizontal?

12. Form nukiuchi

a) Nachdem das katana nach oben gezogen wurde, ist der linke Fuß ausreichend zurückgesetzt?
b) Nachdem das katana nach oben gezogen wurde, ist die Position der rechten Hand in der (Körper-)Mittellinie?

Änderung am 17.09.1988 (63. Jahr showa)

Herausgabe am 01.11.1988

Ergänzung der 11. und 12. kata am 02. 11. 2000

---

[67] *okuriashi: den vorderen Fuß nach vorne bewegen und sofort den hinteren Fuß folgen lassen.*

Außerordentliche Komiteemitglieder:

Kamimoto Eiichi, Danzaki Tomoaki, Tamaki Hakaru.

(Im japanischen wird immer zuerst der Familienname, dann der Vorname genannt)

Iaidō-Komiteemitglieder:
Komiteevorsitzender:
Tanaya Masami
Komiteemitglieder:
Nakajima Gorozo, Kanakuma Kunihiro, Yamaguchi Reiichi, Ōno Yukio, Tomigahara Tomiyoshi, Sawada Tomonobu, Sagawa Hakuo, Tomioka Iwao, Satō Takeshi.

Komiteemitglieder der 3. Fassung
Iaidō-Komiteemitglieder:
Komiteevorsitzender:
Kojima Katsu
Komiteemitglieder:
Ikeda Akio, Ueno Sadanori, Kawamura Yoshio, Kishimoto Chihiro, Fukuda Kazuo, Fujita Tadashi, Fujita Mitsuaki, Ogura Noburo.

Die Bezeichnung aller Teile des japanischen Schwertes und der Montierung

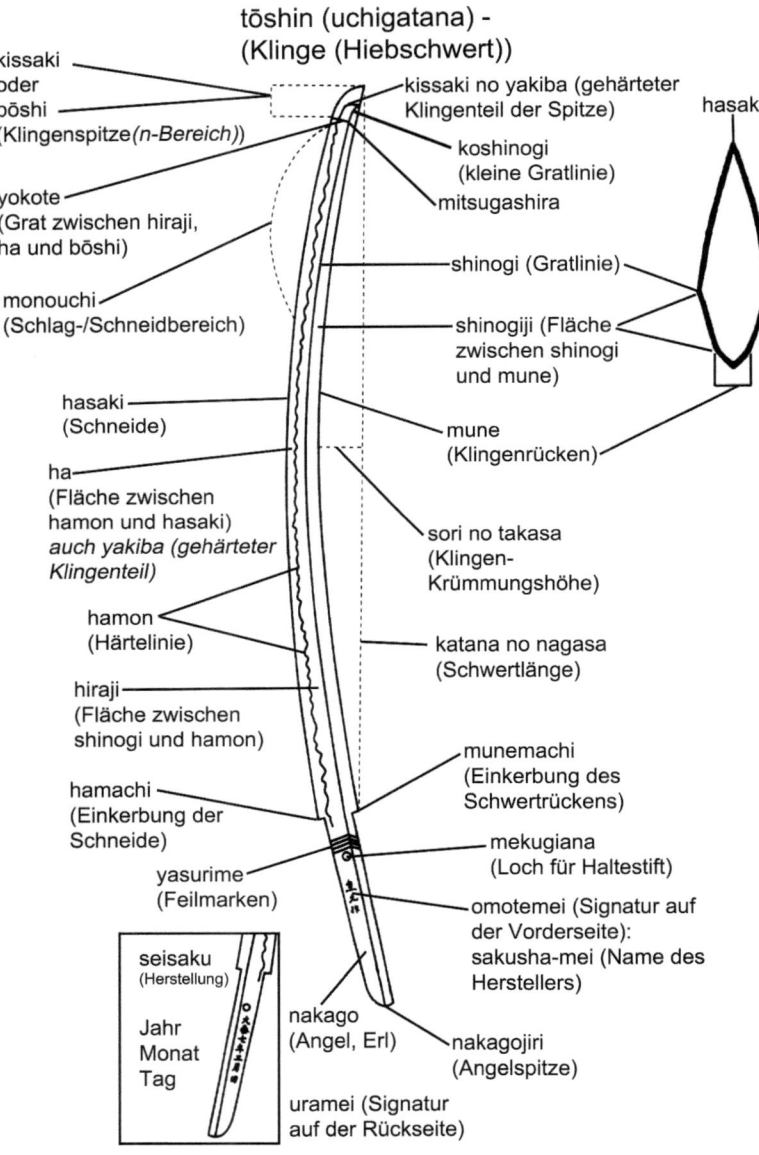

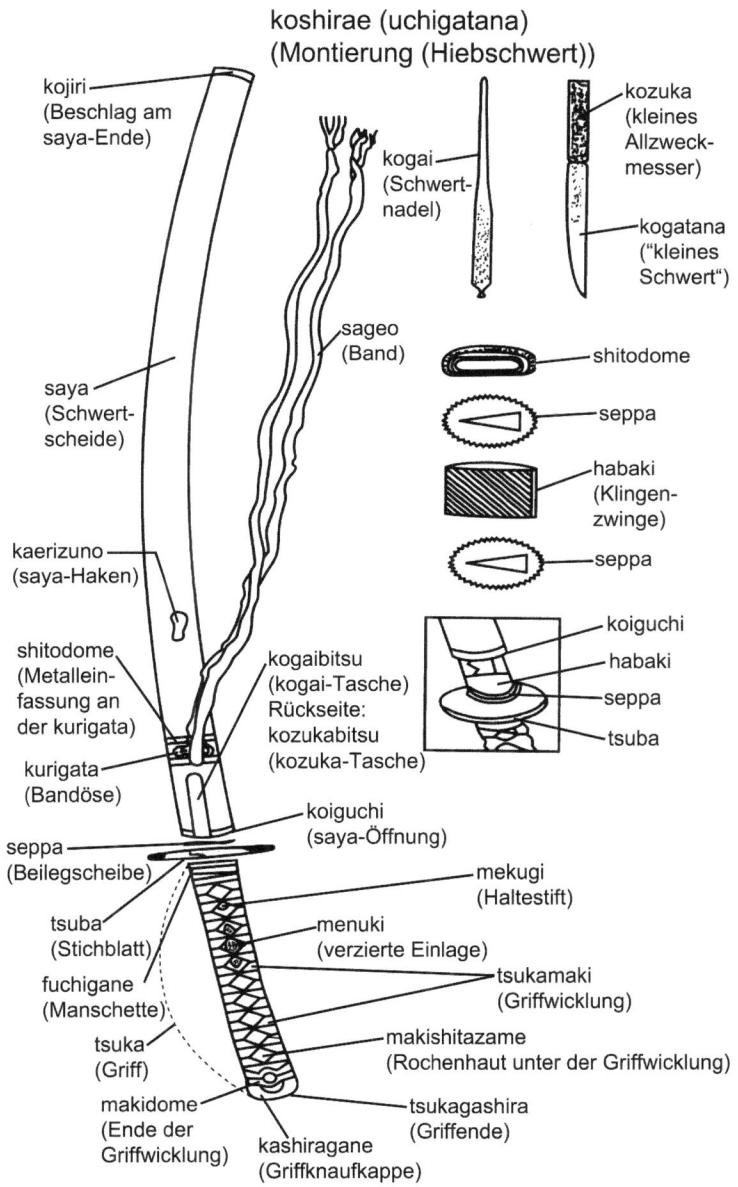

Vorführplatz innerhalb eines schintoistischen Schreins, Art und Weise der Fußbewegungen sowie Drehungen beim Verlassen. (Illustration)

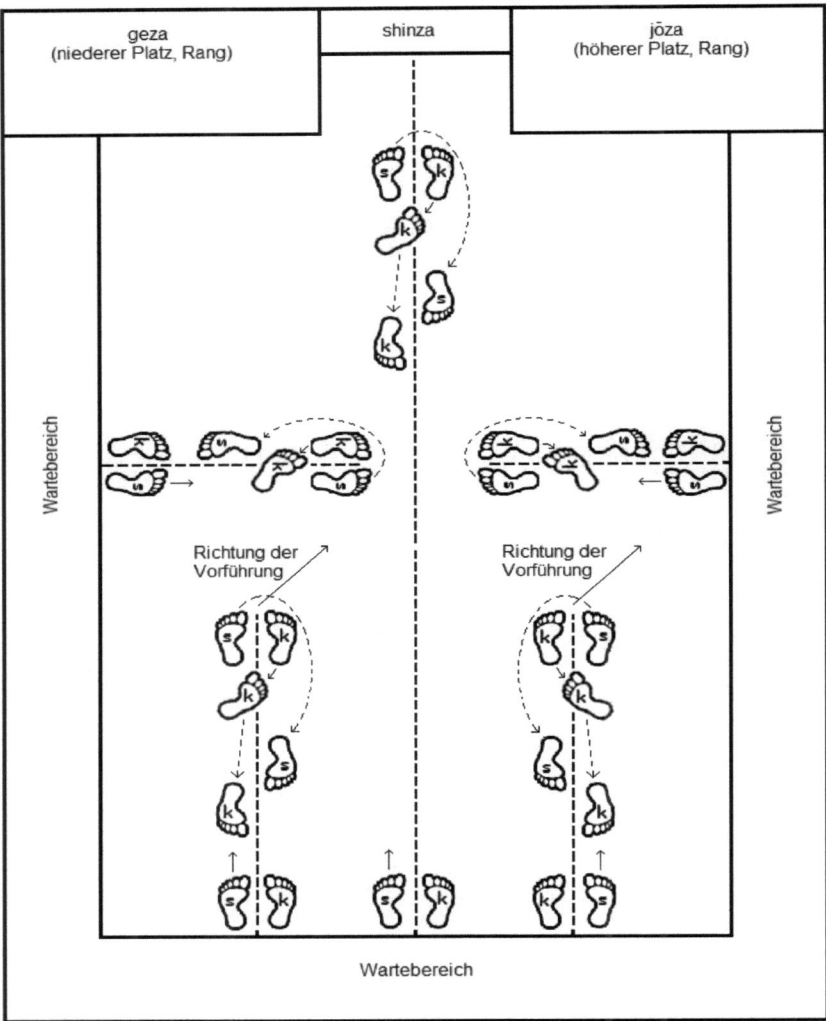

Beim Eintreten wird der erste Schritt stets mit dem shimo no ashi (s) ausgeführt, beim Verlassen des Vorführplatzes wird zuerst der kami no ashi (k) benutzt.

DIaiB-Anhang

Kurzbeschreibung der kamae (Haltungen, Posituren)

Chūdan no kamae (mittlere Haltung, Positur)
Der tsuka ist etwa in Bauchnabelhöhe, die kensen (Schwertspitze) wird auf die Kehle des Gegners gerichtet.

Jōdan no kamae (obere Haltung, Positur)
Das katana wird über den Kopf gehalten mit etwa 45 Grad nach oben geneigter Klinge.

Gedan no kamae (untere Haltung, Positur)
Der tsuka ist etwa in Bauchnabelhöhe, die kensen wird nach unten gerichtet.

Hassō no kamae (hassō-Haltung, Positur)
Das katana wird an der rechten Körperhälfte mit nach hinten geneigter Klinge (ca. 45 Grad) gehalten. Das tsuba befindet sich auf Höhe des Mundes.

Waki no kamae (seitliche Haltung, Positur)
Die Stellung, in der das katana rechtsseitig mit nach hinten abfallender Klinge gehalten wird und so von vorne die Schwertlänge nicht gesehen werden kann.

Fachwortregister

(die jeweilige Ziffer steht für die Seite, der ersten Erwähnung; die gegebenenfalls zweite Ziffer, für die Seite, der ausführlicheren Behandlung. Fettgedruckte Ziffern = die Bezeichnung aller Teile des japanischen Schwertes und der Montierung)

C
chakuza 20
chiburi 27
chūdan 38
chūdan no kamae 69

D
dattō 23
dōjō 17

E
enbū 17, 55
enbū no hōkō 19
enbūji no shōmen 15
enzan no metsuke 21

G
ganmenate 42
gedan no kamae 69
gohonme 36
gyakukesagiri 36

H
ha 17, **66**
habaki **67**
hajime no tōrei 20
hakama 20
hakamasabaki 20
happonme 42
hassō no kamae 37, 69
hasuji 63
hitoemi 48

I
iaigoshi 27
iaihiza 33
iaihiza no bu 33

I
igi 15
ipponme 26

J
jōdan no kamae 41, 69
jūipponme 50
jūnihonme 53
jupponme 47

K
kamae 69
kami no ashi 55
kamisama 17
kata 12
katana 11, **66**
katana no okikata 20
katana no torikata 24
keitōshisei 17
kendōka 11
kensen 69
kesa 27
kesagiri 36
ki 21
ki ken tai 58
kihaku 11
kissaki 27, **66**
koiguchi 17, **67**
koiguchi okiru 26
kojiri 18, **67**
kokyū 58
komekami 26
kurigata 19, **67**
kyuhonme 44

M
mae 26
makidome 58, **67**

mekugi..................................18, **67**
monouchi..............................31, **66**
morotetsuki..............................38
mune.......................................28, **66**

N
nanahonme................................40
nihonme....................................29
nōtō..11, 28
nukiageru..................................30
nukitsuke..................................11
nukiuchi....................................53

O
obi..17
okuriashi...................................63
owari no tōrei...........................23

R
rei..19
ropponme..................................38

S
sageo....................................15, **67**
sagetōshisei..............................57
sahō......................................15, 17
sanbonme..................................30
sanpōgiri...................................40
saya......................................17, **67**
sayabanare................................26
sayabiki....................................26
seiza..8
seiza no bu................................26
seiza no shisei..........................21
senpai......................................56
sensei......................................56
shihogiri...................................47
shimo no ashi...........................55
shinai-Kendō.............................11
shinogi..................................30, **66**
shinsa..8
shinza......................................17
shinza e no rei.........................19

shōmen.....................................19
shutsujō...................................18
soetetsuki.................................44
soetetsuki no kamae.................45
sōgiri..50
sōgo no zarei............................56
sonkyoshisei.............................35
suigetsu....................................33

T
tachi agari kata.........................24
tachi lai no bu..........................36
taijō..25
taikai..12
taitō...22
taitōshisei................................28
tanden......................................21
te no uchi.................................16
tsuba....................................17, **67**
tsubamoto................................31
tsuka....................................20, **67**
tsukaate....................................33
tsukagashira........................17, **67**

U
ukenagashi................................30
ushiro.......................................29

W
waki no kamae......................48, 69
waza.....................................15, 26

Y
yagai de no tōrei......................56
yogi..15
yonhonme..................................33

Z
zanshin.....................................28
zarei no shisei..........................21
Zen Ken Ren.............................12
Zen Nihon Kendō Renmei..........11